IOSITÉS LITTÉRAIRES

LES

PREMIÈRES ARMES

DU

SYMBOLISME

PRIX : UN FRANC

PARIS

LÉON VANIER, LIBRAIRE-ÉDITEUR,

19, QUAI SAINT-MICHEL, 19

1889

LES PREMIÈRES ARMES

DU

SYMBOLISME

TULLE, IMPRIMERIE J. MAZEYRIE

CURIOSITÉS LITTÉRAIRES

LES

PREMIÈRES ARMES

DU

SYMBOLISME

PRIX : UN FRANC

PARIS

LÉON VANIER, LIBRAIRE-ÉDITEUR,

19, QUAI SAINT-MICHEL, 19

1889

AVANT-PROPOS DE L'ÉDITEUR

Le Symbolisme a désormais sa place marquée dans l'histoire littéraire de notre pays. Il est, avec le Romantisme, la plus sérieuse manifestation d'art au dix-neuvième siècle. Dans les journaux, une multitude d'articles, les uns hostiles, les autres sympathiques, témoignent de sa vitalité. Le « Dictionnaire Larousse », la « Nouvelle Revue », la « Revue des Deux-Mondes », s'en enquèrent.

Il nous a semblé intéressant de reconstituer les aspects des primes batailles symbolistes. En ce dessein, nous nous adressâmes à M. Jean Moréas, pour qu'il nous autorisât à réimprimer certains de ses manifestes, lesquels, on s'en souvient, eurent un grand retentissement, il y a quelques années. L'auteur des « Cantilènes » a bien voulu faire accueil à notre placet, dans une lettre pleine de verve, que le lecteur lira ci-après.

Des extraits de chroniques dues à MM. Paul Bourde et Anatole France, complètent cette brochure qui sera, nous osons l'espérer, un régal pour les curieux de lettres.

L. V.

Lettre de Jean Moréas à Léon Vanier.

Paris, le 16 avril 1889.

MON CHER ÉDITEUR.

Pour compléter vos publications documentaires sur le Symbolisme, vous voulez réimprimer les articles que je fis paraître au moment même des premières controverses.

Accorts et neufs, assez, peut-être, à leur apparition, ces articles se sont fanés depuis. — sort commun à ces sortes d'écrits, — et je me souciais peu de les remettre sous les yeux du lecteur. Mais comment résister à votre flatteuse demande? N'êtes-vous point, à la fois, notre Renduel et notre Urbain Canel, à nous?

Il y a là-dedans des choses que je ne pense plus qu'à demi ; des affirmations qui ne laissent que de m'inquiéter. J'aurais pu additionner de notules certains paragraphes ; mais passons. car je dirai prochainement toute ma pensée sur la matière, en tête de l'œuvre qui occupe mes heures présentes. Néanmoins, je voudrais rectifier un passage de ma lettre à M. Anatole France ; (c'est là, question de sentiment). J'y disais : *J'admire Baudelaire tout en estimant Lamartine.* Il est probable qu'un artifice de bien dire m'induisit à cette assertion, car, à la vérité, il me semble avoir toujours admiré Lamartine autant que Baudelaire, je n'ose pas ajouter davantage. Voilà un aveu sincère, et M. France pourrait à son tour me faire grâce de *torcol* et *bardocucule*, deux bons vieux mots que j'ai employés quelque part et qui l'irritent. Pourtant *torcol* est net et bien formé, quant à *bardocucule*, il signifie la mante à capuchon des anciens Gaulois : une vestiture nationale, que diable !

C'est votre *Petit Glossaire*, qui me vaut ces disputes, et vous allez encore, mon cher Vanier, me faire traiter, par la réimpression de ces articles, de sectaire. Tant pis ! Depuis la Pléiade jusques aux Romantiques, jusques aux Naturalistes, jusques aux Symbolistes, si les poëtes, les dramaturges et les romanciers, sont condamnés au stérile et périlleux labeur des préfaces et autres argumentations, c'est bien la faute à la courte-vue, à la mauvaise foi, aux dédains gourmés de la critique officielle.

Des gens malins m'ont fait observer que le Symbolisme n'est pas une découverte, qu'il a toujours existé. Ils sont bien bons ! Ai-je jamais prétendu le contraire ? Mais, n'avons-nous pas depuis tantôt vingt ans, un art qui renie systématiquement l'Idéal, qui fait de la description matérielle son but immédiat, remplace l'étude de l'âme par la sensation, se racornit dans le détail et l'anecdote, s'inébrie de platitude et de vulgarité ? Cet art exista de tout temps, il peut produire et il a produit des œuvres intéressantes. C'est un art que j'appellerai moyen, une manifestation subalterne de l'esprit créateur. Et voilà que le faquin prétend usurper la place du maître. C'est contre cet *art moyen,* contre ce parvenu que le Symbolisme proteste.

« Des œuvres ! Des œuvres ! » crient les malveillants. Nous avons à leur offrir d'assez précieux joyaux poétiques, je pense. Et cependant nous traversons une période de transition. Il a fallu au Romantisme quinze ans pour se manifester pleinement. Et nous ne sommes vieux que d'un lustre. Mais, pour que le Symbolisme voie sa floraison fructifier, il lui faudra se désentraver de ses atavismes. Dans la poésie, l'influence du grand Charles Baudelaire ne saurait être désormais qu'un obstacle. Dans le roman, l'ingénieux jargon inventé par M. Edmond de Goncourt, ce jargon qui rehausse les spécieuses créations de l'auteur de « La Faustin », porterait préjudice à des synthèses d'humanité, larges et dûment symboliques.

« Vous n'irez pas au grand public ! » me disait l'autre soir un des cinq de Médan. Nous irons au grand public tout comme les manouvriers littéraires, *mais par une autre route*. L'art complet doit aller au grand public. Et nous n'avons pas de concession importante à faire. Répudions seulement l'*Inintelligible*, ce charlatan, et souscrivons une pension de retraite au *Dilettantisme*, ce doux maniaque. Après cela, nous pourrons réhabiliter le roman épique, sans descriptions inutiles ni puérilités archéologiques, grouillant de vie. Nous pourrons recréer le drame en vers, la plus belle forme d'art, certes ; interpréter avec l'âme actuelle les mythes dans le poème ; et dire sans malice les airs anciens et toujours neufs dans la chanson.

Je vous serre la main, mon cher Vanier.

JEAN MORÉAS.

LES

Premières Armes du Symbolisme

I

Les Poëtes Décadents

Chronique de Paul Bourde

(*Le Temps*, 6 aout 1885.) Extraits.

. . . .

Tandis que le Naturalisme essaye vainement de casser les ailes à la fantaisie et de mettre l'imagination sous clef, la fantaisie s'enfonce dans le pays des rêves d'un vol fou et l'imagination vagabonde dans les plus étranges sentiers· Jamais on n'aura mieux vu combien l'esprit humain est incompressible, et combien il est chimérique de prétendre l'enfermer dans les règles étroites d'un système qu'à notre époque, où à côté d'une brillante école de romanciers uniquement épris de réalités, s'est formée une école de poètes réfugiés. comme le savant de Hawthorne en sa

serre, dans un monde absolument artificiel. Point d'anti-
thèse plus tranchée.

Bien qu'ils n'aient, comme jadis les Parnassiens, ni éditeur
commun (*), ni recueil à eux, où leur groupe apparaisse
nettement délimité, ceux qui s'occupent de vers savent
qui l'on désigne par ce nom ironique de décadents. Baudelaire est leur père direct, et toute l'école danse et voltige
sur le rayon macabre qu'il a ajouté au ciel de l'art, suivant
l'expression de Victor Hugo. M. Verlaine, qui a débuté
dans le Parnasse sous l'influence de Leconte de Lisle, en
est devenu l'une des deux colonnes avec ses derniers volumes : *Sagesse, Romances sans paroles, Jadis et Naguère.*
L'autre est M. Stéphane Mallarmé qui, dès ses débuts,
s'est révélé inintelligible et qui est toujours resté égal à
lui-même. Quand les poëtes, réunis dans l'entresol de
Lemerre il y a quelque vingt ans, votaient l'admission de
ses vers dans le recueil du Parnasse, qui leur eût dit qu'un
jour viendrait où cet étrange rimeur, que l'on arborait
comme un épouvantail, par pose, pour consterner le bourgeois, aurait un jour ses disciples qui trouveraient la plupart
d'entre eux bourgeois eux-mêmes, vulgaires et tout à fait
vieux jeu ? Non seulement M. Mallarmé a rencontré des
lecteurs qui le comprennent, ce qui est déjà une preuve
bien convaincante de l'infinie bonté de Dieu, mais il a
trouvé des admirateurs d'autant plus fanatiques qu'ils

(*) Le libraire Léon Vanier, qui semble ambitionner de devenir
le Lemerre de cette poésie nouvelle, a publié quelques-uns des
volumes de M. Verlaine et tient un assortiment de Décadents.

sentent que l'objet de leur admiration est plus inaccessible. M. Jean Moréas, auteur des *Syrtes* (1), M. Laurent Tailhade, auteur du *Jardin des rêves* (2), M. Charles Vignier. M. Charles Morice, complètent la troupe. Nous pourrions citer quelques poètes encore en qui des traces décadentes sont visibles, mais ils s'en défendent et nous ne voulons point les affliger.

D'après les œuvres de l'école, et Floupette nous venant en aide, voici comment nous nous représentons le parfait décadent. Le trait caractéristique de sa physionomie morale est une aversion déclarée pour la foule, considérée comme souverainement stupide et plate. Le poète s'isole pour chercher le précieux, le rare, l'exquis. Sitôt qu'un sentiment est à la veille d'être partagé par un certain nombre de ses semblables, il s'empresse de s'en défaire, à la façon des jolies femmes qui abandonnent une toilette dès qu'on la copie. La santé étant essentiellement vulgaire et bonne pour les rustres, il doit être au moins névropathe. Un habitué du café de Floupette se glorifie d'être hystérique. Si la nature aveugle s'obstine à faire circuler dans ses veines un sang banalement vigoureux, il a recours à la seringue de Pravaz pour obtenir l'état morbide qui lui convient. Alors « les splendeurs des songes transcendants » s'ouvrant devant lui, il s'arrange extatiquement une existence factice à son gré. Tantôt, comme M. Moréas, il se croira prince en Tartarie :

---

(1) Chez Léon Vanier.
(2) Chez Lemerre.

> Que l'on m'emporte dans la ville
>   Où je serai le khan
> Infaillible comme un prophète
> Et dont la justice parfaite
>   Prodigue le carcan.

Tantôt, comme M. Verlaine, dans un sonnet très admiré, il s'imaginera qu'il est à lui seul l'empire romain tout entier :

> Je suis l'empire à la fin de la décadence
> Qui regarde passer les grands barbares blancs,
> En composant des acrostiches indolents
> D'un style d'or où la langueur du soleil danse.

La nature, l'oiseau, la femme étant les lieux communs inévitables de toute poésie, il aura soin de les rendre méconnaissables à l'odieuse foule. Si une forêt entre dans ses vers, qu'elle ne soit pas verte : bleue, voilà une couleur décadente pour une forêt. Une fleur n'y saurait figurer qu'à la condition d'avoir un nom neuf, singulier et sonore, le cyclamen, le corylopsis. Les lotus lui sont cependant encore permis parce qu'il faut faire le voyage des Indes pour en voir. Il va de soi que, si une fleur suinte les poisons, elle a droit à une place de faveur. Les oiseaux aussi doivent être exotiques ; une exception est faite pour le corbeau en raison de son plumage lugubre ; il fournit de gracieuses comparaisons :

> Mon âme est un manoir hanté par les corbeaux.

Quant aux femmes, seul un philistin peut trouver quelques charmes à des joues fraîches, à une saine carnation. Il ne s'agit pas de s'amuser en ce monde ; la joie et le rire sont. comme la santé, méprisés du décadent. Ecoutez plutôt ce que veut M. Moréas :

> Je veux un amour plein de sanglots et de pleurs.
> Je veux un amour triste ainsi qu'un ciel d'automne,
> Un amour qui serait comme un bois planté d'ifs
> Où dans la nuit le cor mélancolique sonne ;
> Je veux un amour triste ainsi qu'un ciel d'automne
> Fait de remords très lents et de baisers furtifs.

Les peaux décolorées par les fards. les yeux cerclés de vert ou de bleu, les sangs pauvres et les nerfs détraqués des races vieillies, les humeurs fantasques précédant les maladies mentales, les vierges d'une perversité précoce. les vices qui s'épanouissent comme des moisissures sur le fumier des sociétés en décomposition, toutes les dépravations savantes des civilisations faisandées, ont naturellement la séduction des choses rares pour le décadent qu'horrifient les simples amours comprises de tout le monde. Il les assaisonne de religion, car il est catholique. D'abord, si l'on n'avait pas de Dieu il serait impossible de le blasphémer et de pimenter ses plaisirs par l'idée du péché. Ensuite, sans Dieu, on ne saurait avoir Satan ; et. sans Satan, il est impossible d'être satanique, ce qui est essentiellement la manière d'être du décadent.

— On connaît trop ses manières charmantes, dit un habitué du café de Floupette en parlant du diable. C'est un vrai *gentleman*, et puis il est damné de toute éternité, ce qui le rend intéressant.

Un autre habitué fait remarquer quelles complications invraisemblables on obtient avec la religion. En aimant, on peut se croire irrémissiblement damné et c'est alors une sensation exquise. On est donc religieux ; n'est-il pas d'une délicieuse élégance de raconter une scélératesse bien noire avec des mots sacrés ? Les œuvres de l'école font briller plus d'ostensoirs et resplendir plus d'or sur les chapes, allument plus de cierges. ouvrent plus de missels et fourbissent plus de décors de basilique que la rue Saint-Sulpice tout entière n'en pourrait fournir. Lisez la pièce de Floupette intitulée *Remords* ; elle est caractéristique. Les cimetières, les cercueils, les tombes, bien que depuis le *Moine* de Lewis et le romantisme on en ait fort abusé, sont d'un ragoût trop piquant pour que le décadent y renonce tout à fait. Un peu de lune bleuissante par-dessus est également toujours goûté :

> Mon cœur est un cercueil vide dans une tombe.

Comment remplacerait-on une image aussi expressive ?

.**.

Cette maladive manie de se séparer du reste des hommes n'empêche pas le décadent d'aimer le bifteck saignant, de recourir, quand il a besoin de protection. aux agents de cette société qu'il dédaigne, d'avoir un tailleur qui l'habille à la dernière mode et de pratiquer sans effort les règles de la civilité puérile et honnête dans ses rapports avec ses contemporains. Aussi ne prenons-nous pas, pour notre part, autrement au sérieux ce mélange de mysticisme désespéré et de perversité satanique, trop voulu pour ne pas fleurer un peu la fumisterie. Nous aurions donc laissé trop probablement les décadents tranquilles dans leur petite église transformée en mauvais lieu si nous n'avions eu à considérer que leurs opinions. Mais, autant ils mettent de vanité à rechercher des sensations inédites, autant ils apportent de soins à les exprimer dans des rythmes rares et dans une langue renouvelée. Et ils ont fait de ce côté des essais qui ne nous semblent pas indignes de l'attention de ceux qui aiment les vers.

Dans son *Petit Traité de la Poésie française,* qui est comme le code des conquêtes romantiques, M. Théodore de Banville exprimait, il y a quelques années, le regret que Victor Hugo n'ait pas eu le courage de rendre purement et simplement à la poésie la liberté dont elle jouissait à l'âge d'or du seizième siècle. Pourquoi défendre l'hiatus? Pourquoi défendre la diphtongue faisant syllabe dans les vers ? Pourquoi exiger l'emploi alternatif des rimes féminines et masculines ? Pourquoi exiger même la césure à la fin de l'hémistiche ? Toutes ces règles, inutiles et nuisibles, puisqu'elles n'ajoutent rien à la beauté du vers, ont été inventées et imposées par Malherbe et par Boileau, versificateurs qui tuèrent la poésie pour deux siècles. « Victor Hugo pouvait, lui, de sa puissante main, briser tous les liens dans lesquels le vers est enfermé et nous le rendre absolument libre, mâchant seulement dans sa bouche écumante le frein d'or de la rime ! Ce que n'a pas fait le géant, nul ne le fera, et nous n'aurons eu qu'une révolution incomplète. »

Eh bien ! cette révolution, les décadents la continuent après le géant mort. Leur curiosité les a conduits à reprendre ces libertés condamnées. Il y a là encore comme un plaisir de péché, en même temps qu'un moyen d'effets nouveaux. Leurs infractions à l'hiatus restent rares, mais ils se sont décidément affranchis de la césure et de l'alternance des deux rimes. Ils obtiennent avec des rimes exclusivement féminines des pièces chuchotantes, aux nuances effacées, avec des rimes exclusivement masculines des sonorités redondantes, impossibles sous le joug des anciennes règles. M. Verlaine, en particulier, est un des plus habiles jongleurs qui aient jamais joué avec notre métrique. Le vers, entre ses doigts, est comme la cire du sculpteur capable de s'assouplir à toutes les formes. Il a inventé plusieurs rythmes très vivants sous son souffle, et il a introduit dans la poésie savante les vers sans rime correspondante de notre poésie populaire. Les strophes suivantes, que nous choisissons dans les *Romances sans paroles,* et dont le charme est appréciable même pour le lecteur non décadent, contiennent à la fois un exemple de ce vers privé de rime et un exemple de l'un des rythmes qui appartiennent à M. Verlaine.

Il pleure dans mon cœur
Comme il pleut sur la ville.
Quelle est cette langueur
Qui pénètre mon cœur ?

O bruit doux de la pluie
Par terre et sur les toits !
Pour un cœur qui s'ennuie
O le chant de la pluie !

Il pleure sans raison
Dans ce cœur qui s'écœure.
Quoi ! nulle trahison ?
Ce deuil est sans raison.

C'est bien la pire peine
De ne savoir pourquoi,
Sans amour et sans haine,
Mon cœur a tant de peine.

* *

Novateurs dans la métrique, les poètes décadents ne le sont pas moins dans la langue. Enragés de délices inconnues, ils essaient d'exprimer ce qui a semblé inexprimable jusqu'à présent. Ici nous pénétrons dans l'obscur et sybillin domaine où M. Stéphane Mallarmé est roi.

Comme de longs échos qui de loin se confondent
Dans une ténébreuse et profonde unité,
Les parfums, les couleurs et les sons se répondent.

Il est des parfums frais comme des chairs d'enfants,
Doux comme des hautbois, verts comme des prairies,
Et d'autres corrompus, riches et triomphants,

Ayant l'expansion des choses infinies,
Comme l'ambre, le musc, le benjoin et l'encens,
Qui chantent les transports de l'esprit et des sens.

Ainsi parlait Baudelaire dans un sonnet intitulé : *Correspondances*. Les décadents en ont tiré un système de notation à faire frémir dans leurs tombes les vieux grammairiens, gardiens têtus de la pureté de la langue. Outre les

notions de qualité et de quantité que nos mots définissent
avec précision, nous percevons encore dans les choses
des affinités restées tout à fait indéterminées jusqu'à présent ; telle couleur évoque de vagues idées d'opulence, tel
parfum transporte notre imagination en Orient, tel son
nous met sous une impression triste. Nos abstracteurs de
songes ont découvert qu'en s'appliquant à resuggérer ces
sensations confuses, à reproduire artificiellement ces pres-
que insaisissables excitations à la rêverie, ils obtiendraient
un art étrangement subtil et raffiné auprès de celui que les
poètes français ont pratiqué jusqu'à présent. Ils ne décri-
vent plus, ils ne peignent plus, ils suggèrent donc. La
suggestion, c'est pour eux la poésie même :

Et tout le reste est littérature

a déclaré Verlaine. Mais puisque, suivant Baudelaire, les
parfums, les couleurs et les sons se répondent, c'est-à-
dire puisqu'un parfum peut donner les mêmes rêves qu'un
son et un son les mêmes rêves qu'une couleur, si une
couleur est insuffisante pour suggérer une sensation, on
use du parfum correspondant, et, si le parfum ne suffit
pas non plus, on peut recourir au son. On procède par
analogie en choisissant dans trois vocabulaires au lieu
d'un ; c'est ce que les décadents appellent transposer.
Ainsi quand Floupette s'écrie :

Ah ! verte, verte, combien verte,
Etait mon âme, ce jour-là !

vous, non initié aux mystères de l'analogie, vous ne
soupçonnez pas ce que peut être une âme verte. Mais

Floupette est sûr de faire éprouver à tous les décadents les affreuses sensations que cet adjectif herbageux suggère. C'est une transposition.

Arrivés là, quelques lecteurs inquiets s'arrêteront pour se demander si nous ne sommes pas en train de les mystifier. Qu'ils se rassurent, nous leur racontons aussi clairement qu'il nous est possible le plus étrange assaut qui ait jamais été donné à la langue française, cette belle langue raisonnable et sceptique, amoureuse de netteté et de clarté, qui a une horreur spéciale pour l'inachevé dans l'expression et n'est pas plus faite que le grand jour pour l'indécision et le flottant des rêves. On peut penser tout ce qu'on voudra de cette violence, en rire ou s'en alarmer, mais il nous semble qu'il ne s'en est point vu d'aussi curieuse depuis que Ronsard essaya de parler grec et latin en français, et qu'elle vaut la peine qu'on s'y arrête une fois.

En appliquant aux mots le principe de l'analogie, on trouverait que les sons qui les composent correspondent à des couleurs et à des parfums. C'est ce que les décadents n'ont pas manqué de faire. Ils ont largement commenté le vers de Victor Hugo :

> Car le mot, qu'on le sache, est un être vivant.

. . . .

Des observateurs timorés de notre temps ont la bonhomie de s'inquiéter de l'existence des poètes décadents. Serions-nous vraiment en décadence ? Ma foi, on le saura dans cinquante ans. Pour le moment, il est permis de constater qu'il n'y a rien en eux de bien spécial à notre génération : ce dédain des sentiments qui constituent le fond de la vie morale, ce névrosiaque besoin de s'isoler du reste des hommes, cette façon d'entendre l'art comme un dilettantisme à la portée exclusive de quelques raffinés, ces affectations de corruption et d'horreur, tout cela est en germe dans les Jeune-France de 1835. De Gautier à Baudelaire, de Baudelaire au Parnasse, du Parnasse au décadent, on voit grandir et se préciser cette infatuation de l'artiste qui le détourne de la source des grandes inspirations et le rabaisse au rang d'un simple virtuose. Le romantisme épuisé a donné cette dernière petite fleur, une fleur de fin de saison, maladive et bizarre. C'est sûrement une décadence, mais seulement celle d'une école qui se meurt. Les essais que font ces poètes sur la langue sont plus nouveaux en notre pays que leurs sentiments et leurs opinions. Cependant voilà longtemps déjà qu'en Angleterre une école célèbre cherche dans les mots une musique, des couleurs et des parfums, et je ne vois pas qu'on parle de décadence anglaise. Si un grand homme survenait, peut-être le procédé de l'analogie lui inspirerait-il des chefs-d'œuvre ; auquel cas nous n'aurions qu'à bénir l'analogie. Avec les grands hommes, il faut s'attendre à tout. Mais, tant que M. Stéphane Mallarmé restera le plus haut représentant de la poésie nouvelle, vous pouvez dormir tranquille sur votre Littré, elle ne sera jamais contagieuse.

PAUL BOURDE.

II

Les Décadents

Réponse de Jean Moréas

(*XIX° Siècle*, du 11 août 1885.)

. Depuis deux mois, la presse s'occupe beaucoup, à propos d'une agréable parodie (1), de certains poètes qu'on qualifie arbitrairement de « décadents » ; et voilà qu'un écrivain grave, M. Paul Bourde, leur consacre, dans le *Temps* du 6 août, une longue étude. Le nom du signataire du présent article a été souvent prononcé dans toute cette logomachie,—et M. Bourde semble le prendre particulièrement à partie ; il se croit donc le droit de tâcher d'éclaircir ce point d'esthétique mal défini. Alfred de Vigny écrivait en 1829 : « Les esprits paresseux et routiniers aiment à

---

(1) Les Déliquescences.

entendre aujourd'hui ce qu'ils entendaient hier : mêmes idées, mêmes expressions, mêmes sens ; tout ce qui est nouveau leur semble ridicule ; tout ce qui est inusité, barbare. » Je cite ces paroles avant d'aller plus loin, car elles me paraissent, malgré leur date, d'une piquante actualité.

Le *courrier* que M. Bourde consacre aux poètes prétendus décadents dénote en maints endroits, et malgré un badinage inutile et un peu lourd, une louable conscience littéraire ainsi qu'une certaine compréhension du sujet traité, compréhension, il est vrai, latente plutôt et quasi timorée. Mais M. Bourde a eu un grave tort, c'est de prêter une oreille trop complaisante à des racontars quelque peu fantaisistes. C'est pourquoi il a pu écrire : « La santé étant essentiellement vulgaire et bonne pour les rustres, il doit être au moins névropathe. Si la nature aveugle s'obstine à faire circuler dans ses veines un sang banalement vigoureux, il a recours à la seringue Pravaz pour obtenir l'état morbide qui lui convient. » Et plus loin : « Il est catholique. D'abord si l'on n'avait pas de Dieu, il serait impossible de le blasphémer et de pimenter ses plaisirs par l'idée du péché. Ensuite sans Dieu, on ne saurait avoir Satan ; et, sans Satan, il est impossible d'être satanique, ce qui est essentiellement de la manière d'être du décadent. » Que M. Bourde se rassure ; les décadents se soucient fort peu de baiser les lèvres blêmes de la déesse Morphine ; ils n'ont pas encore grignoté de fœtus sanglants ; ils préfèrent boire dans des verres à pattes, plutôt que dans le crâne de leur mère-grand, et ils ont l'habitude de travailler durant les sombres nuits d'hiver et non pas de prendre accointance avec le diable pour proférer, pendant le sabbat, d'abominables blasphèmes en remuant des queues rouges et de hideuses têtes de bœuf, d'âne, de porc ou de cheval.

M. Bourde pense que Baudelaire est le père direct de ces horribles décadents, et il a raison. Oui, ils sont les dignes fils de ce grand et noble poète tant bafoué et calomnié de son vivant, et si mal connu encore à cette heure ; de ce pur artiste qui écrivait : « .... La poésie, pour peu qu'on veuille descendre en soi-même, interroger son âme, rappeler ses souvenirs d'enthousiasme, n'a pas d'autre but qu'elle-même ; elle ne peut pas en avoir d'autre et aucun poème ne sera si grand, si noble, si véritablement digne du nom de poème, que celui qui aura été écrit uniquement pour le plaisir d'écrire un poème. » Et, en remontant jusqu'aux premières années du siècle, on trouverait un autre ancêtre, Alfred de Vigny, l'auteur de *Moïse*, de la *Colère de Samson*, de la *Maison du berger* et de ce délicieux *mystère* où

> ....les rêves pieux et les saintes louanges,
> Et tous les anges purs et tous les grands archanges....

chantent sur leurs harpes d'or la naissance d'Eloa, cette ange charmante née d'une larme de Jésus.

Les prétendus décadents cherchent avant tout dans leur art le pur Concept et l'éternel Symbole, et ils ont la hardiesse de croire avec Edgar Poë «...que le Beau est le seul domaine légitime de la poésie. Car le plaisir qui est à la fois le plus intense, le plus élevé et le plus pur, ce plaisir-là ne se trouve que dans la contemplation du Beau. Quand les hommes parlent de Beauté, ils entendent, non pas précisément une qualité, comme on le suppose, mais une impression ; bref, ils ont justement en vue cette violente et pure élévation de l'*âme* — non pas de l'intellect, non plus que du cœur — qui est le résultat de la contemplation du Beau. »

Le caractère mélancolique de la poésie décadente a aussi singulièrement agacé le critique du *Temps*, défenseur du rire gaulois. Pourtant Eschyle, Dante, Shakespeare, Byron, Gœthe, Lamartine, Hugo et tous les autres grands poètes, ne semblent pas avoir vu dans la vie une folle kermesse aux joyeuses rondes. Et quant à la prétendue gaieté des grands comiques, tels qu'Aristophane et Molière, chacun sait qu'il faut ne voir là qu'une tristesse se leurrant elle-même, une sorte de tristesse à rebours. Mais ce que M. Bourde reproche le plus amèrement aux décadents, c'est *l'obscurité* de leurs œuvres. Consultons encore sur ce sujet Edgar Poë : « Deux choses sont éternellement requises : l'une, une certaine somme de complexité, ou plus proprement, de combinaison ; l'autre, une certaine quantité d'esprit *suggestif*, quelque chose comme un courant souterrain de pensée, non visible, indéfini.... C'est *l'excès* dans l'expression du *sens* qui ne doit être qu'*insinué*, c'est la manie de faire du courant souterrain d'une œuvre le courant visible et supérieur qui change en prose, et en prose de la plate espèce, la prétendue poésie de quelques soi-disant poètes ». Et puis Stendhal n'a-t-il pas écrit : « Malgré beaucoup de soins pour être clair et lucide. je ne puis faire des miracles : je ne puis pas donner des oreilles aux sourds ni des yeux aux aveugles ? »

M. Bourde, qui n'a pas su ou n'a pas voulu apprécier à sa juste valeur l'*ésotérisme* de la poésie soi-disant décadente, semble en avoir mieux compris l'*extériorité*. Il dit : « M. Théodore de Banville exprimait il y a quelques années, le regret que Victor Hugo n'ait pas eu le courage de rendre purement et simplement à la poésie la liberté dont elle jouissait à l'âge d'or du seizième siècle. Eh bien ! cette révolution, les décadents la continuent après le géant mort. Leur curiosité les a conduits à reprendre ces libertés condamnées. Il y a là encore comme un plaisir de péché, en même temps qu'un moyen d'effet nouveau. Leurs infractions à l'hiatus restent rares, mais ils se sont décidément affranchis de la césure et de l'alternance des deux rimes. Ils obtiennent avec des rimes exclusivement féminines. des pièces chuchotantes, aux nuances effacées, avec des rimes exclusivement masculines des sonorités redondantes, impossibles sous le joug des anciennes règles. » Voilà de bonnes et judicieuses paroles. Mais M. Bourde. plus loin, s'inquiète de nouveau de la pureté de la langue, et évoque les ombres des vieux grammairiens et de Littré. M. Bourde peut dormir tranquille. Littré. ce lexicographe libéral et hardi, serait le premier à accueillir, s'il n'était pas mort, les trouvailles de style des décadents, comme il l'a fait pour les mots, tirés du latin ou créés de toutes pièces, par ce prodigieux écrivain qui a nom Théophile Gautier. Les poètes décadents — la critique, puisque sa manie d'étiquetage est incurable. pourrait les appeler plus justement des *symbolistes*, — que M. Bourde a estrapadés d'une main courtoise sont : MM. Stéphane Mallarmé, Paul Verlaine, Laurent Tailhade, Charles Vignier, Charles Morice et le signataire de cet article. Ils pourront s'en consoler en méditant sur cette fin magistrale de la lettre que de Vigny adressait à lord *** à propos de la première représentation de sa traduction d'Othello. Il y compare la société à une grande horloge à trois aiguilles. L'une, bien grosse, s'avance si lentement qu'on la croirait immobile : c'est la foule. L'autre plus déliée, marche assez vite pour qu'avec une médiocre attention on puisse saisir son mouvement : c'est la masse des gens éclairés. « Mais, au-dessus de ces deux aiguilles, il s'en trouve une bien autrement agile et dont l'œil suit difficilement les bonds ; elle a vu soixante fois l'espace avant que la seconde y marche et que la troisième s'y traîne. Jamais, non, jamais, je n'ai considéré cette aiguille des secondes, cette flèche si inquiète, si hardie et si émue à la fois, qui s'élance en avant et frémit comme du sentiment de son audace ou du plaisir de sa conquête sur le temps ; jamais je ne l'ai considérée sans penser que le poëte a toujours eu et doit avoir cette marche prompte au devant des siècles et au delà de l'esprit général de sa nation, au delà même de sa partie la plus éclairée. »

JEAN MORÉAS.

III

Le Symbolisme

Manifeste de Jean Moréas

(*Figaro*, du 18 septembre 1886.)

Comme tous les arts, la littérature évolue : évolution cyclique avec des retours strictement déterminés et qui se compliquent des diverses modifications apportées par la marche des temps et les bouleversements des milieux. Il serait superflu de faire observer que chaque nouvelle phase évolutive de l'art correspond exactement à la décrépitude sénile, à l'inéluctable fin de l'école immédiatement antérieure. Deux exemples suffiront : Ronsard triomphe de l'impuissance des derniers imitateurs de Marot, le romantisme éploie ses oriflammes sur les décombres classiques mal gardés par Baour Lormian et Etienne de Jouy. C'est que toute manifestation d'art arrive fatalement à s'appauvrir, à s'épuiser ; alors, de copie en copie, d'imitation en imitation, ce qui fut plein de sève et de fraîcheur se dessèche et se recroqueville ; ce qui fut le neuf et le spontané devient le poncif et le lieu-commun.

Ainsi le romantisme, après avoir sonné tous les tumultueux tocsins de la révolte, après avoir eu ses jours de gloire et de bataille, perdit de sa force et de sa grâce, abdiqua ses audaces héroïques, se fit rangé, sceptique et plein de bon sens ; dans l'honorable et mesquine tentative des Parnassiens, il espéra de fallacieux renouveaux, puis finalement, tel un monarque tombé en enfance, il se laissa déposer par le naturalisme auquel on ne peut accorder sérieusement qu'une valeur de protestation légitime, mais mal avisée, contre les fadeurs de quelques romanciers alors à la mode.

Une nouvelle manifestation d'art était donc attendue, nécessaire, inévitable. Cette manifestation, couvée depuis longtemps, vient d'éclore. Et toutes les anodines facéties des joyeux de la presse, toutes les inquiétudes des critiques graves, toute la mauvaise humeur du public surpris dans ses nonchalances moutonnières ne font qu'affirmer chaque jour davantage la vitalité de l'évolution actuelle dans les lettres françaises, cette évolution que des juges pressés notèrent, par une inexplicable antinomie, de décadence. Remarquez pourtant que les littératures décadentes se révèlent essentiellement coriaces, filandreuses, timorées et serviles : toutes les tragédies de Voltaire, par exemple, sont marquées de ces tavelures de décadence. Et que peut-on reprocher, que reproche-t-on à la nouvelle école ? L'abus de la pompe, l'étrangeté de la métaphore, un vocabulaire neuf où les harmonies se combinent avec les couleurs et les lignes : caractéristiques de toute renaissance.

Nous avons déjà proposé la dénomination de *Symbolisme* comme la seule capable de désigner raisonnablement la tendance actuelle de l'esprit créateur en art. Cette dénomination peut être maintenue.

Il a été dit au commencement de cet article que les évolutions d'art offrent un caractère cyclique extrêmement compliqué de divergences : ainsi, pour suivre l'exacte filiation de la nouvelle école, il faudrait remonter jusques à certains poèmes d'Alfred de Vigny, jusques à Shakespeare, jusques aux mystiques, plus loin encore. Ces questions demanderaient un volume de commentaires ; disons donc que Charles Baudelaire doit être considéré comme le véritable précurseur du mouvement actuel ; M. Stéphane Mallarmé le lotit du sens du mystère et de l'ineffable ; M. Paul Verlaine brisa en son honneur les cruelles entraves du vers que les doigts prestigieux de M. Théodore de Banville avaient assoupli auparavant. Cependant le *Suprême Enchantement* n'est pas encore consommé : un labeur opiniâtre et jaloux sollicite les nouveaux venus.

* *
*

Ennemie de l'enseignement, de la déclamation, de la fausse sensibilité, de la description objective, la poésie symboliste cherche : à vêtir l'Idée d'une forme sensible qui, néanmoins, ne serait pas son but à elle-même, mais qui,

tout en servant à exprimer l'Idée, demeurerait sujette.
L'Idée, à son tour, ne doit point se laisser voir privée des
somptueuses simarres des analogies extérieures ; car le
caractère essentiel de l'art symbolique consiste à ne jamais
aller jusqu'à la conception de l'Idée en soi. Ainsi, dans
cet art, les tableaux de la nature, les actions des humains,
tous les phénomènes concrets ne sauraient se manifester
eux-mêmes : ce sont là des apparences sensibles destinées
à représenter leurs affinités ésotériques avec des Idées primordiales.

L'accusation d'obscurité lancée contre une telle esthétique par des lecteurs à bâtons rompus n'a rien qui puisse
surprendre. Mais qu'y faire ? *Les Pythiques* de Pindare,
l'*Hamlet* de Shakespeare, *la Vita Nuova* de Dante, *le
Second Faust* de Gœthe, *la Tentation de saint Antoine*
de Flaubert ne furent-ils pas aussi taxés d'ambiguïté ?

Pour la traduction exacte de sa synthèse, il faut au
symbolisme un style archétype et complexe : d'impollués
vocables, la période qui s'arcboute alternant avec la
période aux défaillances ondulées, les pléonasmes signifi-
catifs, les mystérieuses ellipses, l'anacoluthe en suspens,
tout trope hardi et multiforme : enfin la bonne langue —
instaurée et modernisée — la bonne et luxuriante et frin-
gante langue française d'avant les Vaugelas et les Boileau-
Despréaux, la langue de François Rabelais et de Philippe
de Commines, de Villon, de Rutebœuf et de tant d'autres
écrivains libres et dardant le terme acut du langage, tels
des toxotes de Thrace leurs flèches sinueuses.

LE RYTHME : L'ancienne métrique avivée ; un désordre

savamment ordonné ; la rime illucescente et martelée comme un bouclier d'or et d'airain, auprès de la rime aux fluidités absconses ; l'alexandrin à arrêts multiples et mobiles ; l'emploi de certains nombres impairs.

. .

Ici je demande la permission de vous faire assister à mon petit INTERMÈDE tiré d'un précieux livre : *Le Traité de Poésie Française*, où M. Théodore de Banville fait pousser impitoyablement, tel le dieu de Claros, de monstrueuses oreilles d'âne sur la tête de maint Midas.

Attention !

Les personnages qui parlent dans la pièce sont :

UN DÉTRACTEUR DE L'ÉCOLE SYMBOLIQUE

M. THÉODORE DE BANVILLE

ERATO

Scène Première

LE DÉTRACTEUR. — Oh ! ces décadents ! Quelle emphase ! Quel galimatias ! Comme notre grand Molière avait raison quand il a dit :

> Ce style figuré dont on fait vanité
> Sort du bon caractère et de la vérité.

THÉODORE DE BANVILLE. — Notre grand Molière commit là deux mauvais vers qui eux-mêmes sortent autant que possible du bon caractère. De quel bon caractère? De quelle vérité? Le désordre apparent, la démence éclatante l'emphase passionnée sont la vérité même de la poésie lyrique. Tomber dans l'excès des figures et de la couleur le mal n'est pas grand et ce n'est pas par là que périra notre littérature. Aux plus mauvais jours, quand elle expire décidément, comme par exemple sous le premier Empire, ce n'est pas l'emphase et l'abus des ornements qui la tuent, c'est la platitude. Le goût, le naturel sont de belles choses assurément moins utiles qu'on ne le pense à la poésie. Le *Roméo et Juliette* de Shakespeare est écrit d'un bout à l'autre dans un style aussi affecté que celui du marquis de Mascarille ; celui de Ducis brille par la plus heureuse et la plus naturelle simplicité.

Le Détracteur. — Mais la césure, la césure ! On viole la césure !!

Théodore de Banville. — Dans sa remarquable prosodie publiée en 1844. M. Wilhem Tenint établit que le vers alexandrin admet douze combinaisons différentes, en partant du vers qui a sa césure après la première syllabe, pour arriver au vers qui a sa césure après la onzième syllabe. Cela revient à dire qu'en réalité, la césure peut être placée après n'importe quelle syllabe du vers alexandrin. De même, il établit que les vers de six, de sept, de huit. de neuf, de dix syllabes admettent des césures variables et diversement placées. Faisons plus : osons proclamer la liberté complète et dire qu'en ces questions complexes l'oreille décide seule. On périt toujours non pour avoir été trop hardi mais pour n'avoir pas été assez hardi.

Le Détracteur. — Horreur ! Ne pas respecter l'alternance des rimes ! Savez-vous, Monsieur, que les décadents osent se permettre même l'hiatus ! même l'hi-a-tus !!

Théodore de Banville. — L'hiatus, la diphtongue faisant syllabe dans le vers, toutes les autres choses qui ont été interdites et surtout l'emploi facultatif des rimes masculines et féminines fournissaient au poète de génie mille moyens d'effets délicats toujours variés, inattendus, inépuisables. Mais pour se servir de ce vers compliqué et savant, il fallait du génie et une oreille musicale, tandis qu'avec les règles fixes, les écrivains les plus médiocres peuvent, en leur obéissant fidèlement, faire, hélas ! des *vers passables !* Qui donc a gagné quelque chose à la réglementation de la poésie ? Les poètes médiocres. Eux seuls !

Le Détracteur. — Il me semble pourtant que la révolution romantique...

Théodore de Banville. — Le romantisme a été une révolution incomplète. Quel malheur que Victor Hugo, cet Hercule victorieux aux mains sanglantes, n'ait pas été un révolutionnaire tout à fait et qu'il ait laissé vivre une partie des monstres qu'il était chargé d'exterminer avec ses flèches de flammes !

Le Détracteur. — Toute rénovation est folie ! L'imitation de Victor Hugo, voilà le salut de la poésie française !

Théodore de Banville. — Lorsque Hugo eut affranchi le vers, on devait croire qu'instruits à son exemple les poètes venus après lui voudraient être libres et ne relever que d'eux-mêmes. Mais tel est en nous l'amour de la servitude que les nouveaux poètes copièrent et imitèrent à l'envi les formes, les combinaisons et les coupes les plus habituelles de Hugo, au lieu de s'efforcer d'en trouver de nouvelles. C'est ainsi que, façonnés pour le joug, nous

rêtombons d'un esclavage dans un autre, et qu'après les
poncifs classiques, il y a eu des *poncifs romantiques*,
poncifs de coupes, poncifs de phrases, poncifs de rimes ;
et le poncif, c'est-à-dire le lieu commun passé à l'état
chronique, en poésie comme en toute autre chose, c'est
la Mort. Au contraire, osons vivre ! et vivre c'est respirer
l'air du ciel et non l'haleine de notre voisin, ce voisin
fût-il un dieu !

Scène II

ERATO (*invisible*). — Votre *Petit Traité de Poésie
Française* est un ouvrage délicieux, maître Banville.
Mais les jeunes poètes ont du sang jusques aux yeux en
luttant contre les *monstres* affenés par Nicolas Boileau :
on vous réclame au champ d'honneur, et vous vous tai-
sez, maître Banville !

THÉODORE DE BANVILLE (*rêveur*). —Malédiction ! Aurais-
je failli à mon devoir d'aîné et de poète lyrique !

(L'auteur des *Exilées* pousse un soupir lamentable et
l'intermède finit.)

.·.

La prose, — romans, nouvelles, contes, fantaisies, —
évolue dans un sens analogue à celui de la poésie. Des
éléments en apparence hétérogènes, y concourent : Stendhal apporte sa psychologie translucide, Balzac sa vision
exorbitée, Flaubert ses cadences de phrases aux amples
volutes, M. Edmond de Goncourt son impressionnisme
modernement suggestif.

La conception du roman symbolique est polymorphe :

tantôt un personnage unique se meut dans des milieux déformés par ses hallucinations propres, son tempérament : en cette déformation git le seul *réel*. Des êtres au geste mécanique, aux silhouettes obombrées, s'agitent autour du personnage unique : ce ne lui sont que prétextes à sensations et à conjectures. Lui-même est un masque tragique ou bouffon, d'une humanité toutefois parfaite bien que rationnelle. —Tantôt des foules, superficiellement affectées par l'ensemble des représentations ambiantes, se portent avec des alternatives de heurts et de stagnances vers des actes qui demeurent inachevés. Par moments, des *volontés* individuelles se manifestent ; elles s'attirent, s'agglomèrent, se généralisent pour un but qui, atteint ou manqué, les disperse en leurs éléments primitifs. — Tantôt de mythiques phantasmes évoqués, depuis l'antique Démogorgôn jusques à Bélial, depuis les Kabires jusques aux Nigromans, apparaissent fastueusement atournés sur le roc de Caliban ou par la forêt de Titania aux modes mixolydiens des barbitons et des octocordes.

Ainsi dédaigneux de la Méthode puérile du Naturalisme, — M. Zola, lui, fut sauvé par un merveilleux instinct d'écrivain — le roman symbolique édifiera son œuvre de *déformation subjective*, fort de cet axiome : que l'art ne saurait chercher en *l'objectif* qu'un simple point de départ extrêmement succinct.

JEAN MORÉAS.

IV

Examen du Manifeste

Par Anatole France.

(*Le Temps*, 26 septembre 1886.) Extraits.

———

Un journal, qui reçoit d'ordinaire les manifestes des princes, vient de publier la profession de foi des symbolistes. Ceux-ci étaient plus connus sous les noms de décadents et de déliquescents. Mais M. Jean Moréas, le rédacteur de la profession de foi, repousse ces vocables comme impropres : « Les littératures décadentes se révèlent, dit-il, essentiellement coriaces, filandreuses, timorées et serviles : toutes les tragédies de Voltaire, par exemple, sont marquées de ces tavelures de décadence. Et que peut-on reprocher, que reproche-t-on à la nouvelle école ? L'abus de la pompe, l'étrangeté de la métaphore, un vocabulaire neuf où les harmonies se combinent avec les couleurs et les lignes : caractéristiques de toute renaissance. » Après cela, on voit de reste pourquoi M. Jean Moréas ne veut pas qu'on appelle ses amis des décadents. Quant à savoir pourquoi il leur donne le nom de symbolistes, c'est moins facile, et je serais encore, à l'heure qu'il est, un peu embarrassé de le dire.

Mon embarras vient surtout de ce que je ne sais pas exactement ce que c'est que le symbolisme. Il est vrai que M. Jean Moréas l'explique. Mais il est vrai aussi que son explication est difficile à suivre.

. . . .

M. Théodore de Banville n'a point porté au symbolisme l'aide qu'on attendait. Il s'est tu, « il a failli à son devoir d'aîné et de poète lyrique. » Il est impardonnable et il ne sera point pardonné. Jadis, M. Taine trompa l'espoir des naturalistes. M. Zola comptait que M. Taine serait son critique, et aujourd'hui encore M. Zola voit avec douleur que M. Taine a manqué à sa mission. Semblablement M. Théodore de Banville. Les symbolistes attendaient qu'en ses vieux jours ce poète savant et charmant chantât, à leur venue, le cantique de Siméon. Et parce qu'il n'a point chanté de prophétie, ils disent qu'il n'est qu'un faux devin et un inutile chanteur.

. . . .

Parmi les écrivains français dont vous voulez restaurer la langue, vous nommez François Rabelais, Philippe de Comynes (et non point Commines, ainsi que vous l'écrivez), Villon et Rutebœuf, « écrivains libres, dites-vous, et dardant le terme acut du langage, tels des toxotes de

Thrace leurs flèches sinueuses ». Voilà encore, permettez-
moi de vous le dire, des noms qu'on ne s'attendait point
à voir réunis. Je ne parle pas de Rutebœuf, que je n'ai
guère pratiqué. Quant à Comynes et à Rabelais, je crois
les connaître un peu l'un et l'autre. Ce sont des écrivains
de tout point dissemblables, et s'ils ressemblent tous deux,
comme vous dites, aux toxotes de Thrace, il faut néces-
sairement que cette ressemblance s'étende à beaucoup
d'écrivains. On connaît Rabelais : il a un grand nombre
d'admirateurs et même quelques lecteurs. Je suis persuadé,
monsieur, que vous êtes de ces derniers. Vous savez combien la langue de Rabelais est riche, savante ; vous savez
qu'elle est lourde à force de richesse ; que c'est un entasse-
ment prodigieux de belles formes de langage, un magasin
confus de mots et d'idées. Telle n'est point la langue de
Comynes. Ce Philippe de Comynes était un homme d'Etat.
Il écrivait simplement, sans recherche de l'effet, sans
autre souci que d'être clair. Il se proposait, non d'amuser
comme Froissart par des contes joliment colorés, mais
d'instruire les politiques en leur montrant l'enchaînement
des faits. Le premier en France, il eut les vues d'un histo-
rien. Ce n'est pas là, sans doute, un mérite inférieur. Il faut
le louer aussi d'avoir donné le premier l'exemple d'un style
simple et utile, le style des affaires. Je vois bien que ce style
a été employé de nos jours avec avantage. Mais il me semble que c'est par M. Thiers ou par M. Dufaure, plutôt que
par aucun des écrivains symbolistes. J'éprouve là encore
un embarras dont tous les toxotes de Thrace ne parvien-
dront pas à me tirer. Permettez-moi de vous dire, cher

monsieur Jean Moréas, que si je suis embarrassé, c'est un peu de votre faute. Vous rapportez tout au symbolisme. Vous croyez que les littératures de tous les âges et de tous les pays n'eurent de raison d'être qu'en ce qu'elles préparèrent l'éclosion du symbolisme. C'est là un point de vue où il m'est difficile de me placer. M. Zola, s'il vous en souvient, s'est efforcé de prouver que la littérature tend, depuis les âges les plus reculés, au naturalisme, lequel en est la fin nécessaire, et que tous les progrès de l'art d'écrire ont abouti fatalement aux *Rougon-Macquart*. Il n'y a pas tout à fait réussi, pour plusieurs raisons ; la première est que cela n'est peut-être pas vrai. Ce n'est pas vous, monsieur Moréas, qui contredirez à cette raison. Il y en a d'autres encore. M. Zola a, dans sa laborieuse et honorable carrière, plus écrit qu'il n'a lu. Je ne m'en plains pas, puisque ses livres sont très intéressants. Mais enfin, le passé de l'esprit humain lui échappe en partie et, quand il a essayé d'établir les prolégomènes du naturalisme dans le roman et au théâtre, il a montré beaucoup d'incertitude. Ses adversaires eux-mêmes ont été tentés de lui venir en aide et de lui citer les *Milésiennes*, la *Célestine*, les Picaresques, Sorel, Furestière, Scaron, Caylus, Restif de la Bretonne et cent autres qu'il oubliait. Il n'y a pas jusqu'au dialogue de Boileau sur les héros de roman qui ne lui eût profité. Car Boileau et les classiques sont, à leur façon et à son insu, les auxiliaires de M. Zola. Boileau reprochait à Scudéry précisément ce que Zola reproche, et non pas tout à fait à tort, à Victor Hugo. Quant à vous, monsieur, si j'osais, je vous désignerais un de vos précurseurs que vous négligez.

c'est Lycophron. Il est ésotérique autant que possible et suffisamment complexe, ce me semble. Je serais curieux de savoir ce que vous en pensez. Quant à moi, je le tiens pour le premier des symbolistes. Vous ferez peu de cas, sans doute, de l'opinion d'un barbare. L'exemple de M. Zola devrait vous inquiéter davantage. Si la philosophie littéraire qui aboutit au seul naturalisme est fausse, celle qui aboutit au seul symbolisme risque de n'être pas plus vraie. C'est le danger des systèmes ; je veux vous en rappeler un illustre exemple. Le grand Augustin Thierry établit vers 1835 que tout ce qui avait eu lieu dans notre pays, depuis les Romains, n'était qu'une préparation à la monarchie de Juillet, et que, par conséquent, l'histoire de France était désormais parfaite. Ce système fut renversé en 1848 et il ne s'est pas relevé depuis.

Vous prenez soin, Monsieur, de désigner dans votre manifeste, en même temps que les bons écrivains français qui ont préparé le symbolisme, les mauvais qui l'ont retardé. Parmi ceux-ci vous nommez Vaugelas et Boileau. Je crois comme vous, en effet, que Boileau ne soupçonna jamais ni les « impollués vocables », ni « la période qui s'arc-boute alternant avec la période aux défaillances ondulées », ni « les mystérieuses ellipses », ni « le trope hardi et multiforme » que vous préconisez. M. Renan nous affirme que Nicolas est devenu romantique depuis qu'il est mort. Je n'en crois rien : c'était un entêté. Il y a gros à parier qu'il n'est encore ni pour M. Victor Hugo, ni pour vous. Quant à Vaugelas, je ne sais pas en vérité pourquoi vous le considérez comme votre ennemi. Il n'est l'ennemi de personne. Ce n'était pas un grammairien à la façon dont on l'entend aujourd'hui. C'était même tout le contraire. Il ne reconnaissait d'autre règle que l'usage. Il avait vécu à la cour du duc d'Orléans Gaston, il en avait noté les façons de dire. C'est sur ces façons de dire qu'il fit un volume de *Remarques*. Jamais on n'écrivit sur la langue avec moins de tyrannie. Il se borne à dire, dans son livre, que tel terme est du bel usage et que tel autre terme n'en est pas. En quoi cela peut-il vous contrarier ? Ne serait-il pas meilleur, Monsieur, de laisser en repos ce gentilhomme qui aimait les beaux discours, et de tourner ensemble notre colère contre Noël et Chapsal, vos ennemis et les miens ? Ceux-là furent des cuistres. Ils prétendirent donner des règles pour écrire, comme s'il y avait d'autres règles pour cela que l'usage et le goût.

. . . .

Je vais vous surprendre encore. Je ne trouve pas le théâtre de Voltaire si mal écrit que vous dites. Je n'y vois pas tant de « tavelures » que vous en voyez. Le vers en est parfois un peu trainant, j'en conviens. Voltaire, pour parler comme Pascal, n'avait pas le temps d'être court. Mais enfin, s'il y a quelque part un bon style de tragédie philosophique, c'est celui-là. J'y sens par endroits le cœur et l'âme du dix-huitième siècle. Les marquises et les philosophes se reconnaissaient dans *Zaïre* et dans *Alzire*. Ils en pleuraient. Laissez-moi voir encore entre les feuillets jaunis glisser leurs ombres aimables. Il y a tout de même de la poésie dans ces vers-là. C'est vieillot, dites-vous. Eh bien, un peu de patience ! ce sera vieux demain. Je vous attaque en ce moment, Monsieur, sur un point que vous n'êtes pas seul à défendre. Je ne serai soutenu qu'à moitié par M. Emile Deschanel. Vous avez beaucoup de monde et spécialement M. Francisque Sarcey avec vous. C'est ce qu'on appelle, en style parlementaire, une majorité de coalition. Car M. Sarcey n'est assurément pas un symboliste. Vous le mettez sans doute avec Nicolas. Moi aussi. Oui, M. Sarcey a dit ici même beaucoup de mal des vers de *Mahomet*. Il y en a un dont il était particulièrement choqué, celui-ci :

Tu verras de chameaux un grossier conducteur.

A la vérité, ce n'est pas un beau vers. Mais, on mettrait sans crainte aujourd'hui :

Tu verras un grossier conducteur de chameaux.

Et je ne suis pas certain que cela vaudrait mieux. Pour moi, c'est bonnet blanc et blanc bonnet.....

Je vous entends, cher monsieur Jean Moréas ; c'est à que vous alleztriompher. Moi, direz-vous, je ne mettrai ni chameaux, ni conducteur, ni quoi que ce soit qui désigne les bêtes et l'homme. J'en donnerai seulement l'idée. Et si je vous demande comment vous en donnerez l'idée, vous me répondrez que ce sera par de lointaines et secrètes analogies de ton, de forme, par voie d'allusion et avec un retour à je ne sais quelles idées primordiales, enfin grâce à quelques-uns des beaux secrets du symbolisme ! Eh ! oui, cher monsieur Jean Moréas, vous avez de beaux secrets, votre vers sera merveilleux. Mais on n'y comprendra rien. Vous ferez le chef-d'œuvre inconnu. Et, parbleu !

en vous cherchant des précurseurs j'oubliais celui-là : le vieux peintre dont Balzac nous a conté la touchante et cruelle aventure. Ce peintre voulut trop bien faire. L'orgueil perdit les anges, cher monsieur. Nous savons qu'en art il est dangereux d'imiter. C'est là un péril contre lequel notre vanité nous met en garde autant que notre talent. Nous sommes tentés de l'exagérer, s'il est possible. Un art que vous connaissez bien, car il est la gloire du pays adorable dont vous êtes originaire, la sculpture grecque n'a pas trop souffert de cet esprit d'imitation qui inspirait ses écoles. La plupart des statues antiques que nous admirons sont des répliques. Les sculpteurs grecs répétaient à satiété les mêmes motifs. La poésie hellénique vivait aussi d'imitations. Cela est sensible dans l'*Anthologie*.

. . . .

ANATOLE FRANCE.

———

V

Lettre de Jean Moréas à Anatole France

(*Symboliste*, du 7 octobre 1886.)

Paris, 27 septembre 1886.

MONSIEUR ET CHER CONFRÈRE,

J'ai lu avec le plus grand intérêt votre si docte dissertation à propos de mon article sur le *Symbolisme* publié par le *Figaro* ; et ce me fut une bien agréable surprise que cette critique de fin lettré parmi toutes les injures dont les chironactes de la Presse m'accablent depuis quelque temps. Après cela, vous permettrez que j'essaye de me justifier sur certains points de votre critique :

Vous voulez que j'écrive Comynes et non Commines. Pourquoi? les deux orthographes sont également em-

ployées : Littré, Michelet, et bien d'autres. écrivent Commines. Plus loin, vous comparez le style de ce conseiller de
Louis XI à celui de M. Thiers. Cet ingénieux paradoxe, je
l'accepte. car il me sert : il pourrait prouver une fois encore
quelle vertigineuse décadence suivit notre langue depuis
le quinzième siècle. Quant à Rutebœuf. souffrez que je
m'étonne de votre indifférence : « Je ne parle pas de Rutebœuf, dites-vous, que je n'ai guère pratiqué. » Il me sem-
blait cependant que le « doux trouvère » avait droit à l'es-
time de tout bon poète.

Certes, vous avez. Monsieur, très habilement défendu
contre moi Vaugelas, « ce gentilhomme qui aimait les beaux
discours ». J'ai encore feuilleté, hier, ses REMARQUES. et
j'ai le malheur de persister dans mon erreur : je le trouve
pernicieux et très « tyrannique », ce gentilhomme de
l'Académie, vous aurez beau dire.

Vous exprimez le désir de savoir ce que je pense de
Lycophron que vous jugez ésotérique autant que possible et suffisamment complexe. Je suis tout à fait de votre
avis, et je trouve même son poème d'ALEXANDRA extrêmement délicieux. Mais là où j'oserai vous contredire,
c'est lorsque vous dites que « la poésie hellénique vivait
d'imitations. » Je pense qu'Eschyle, par exemple, Sopho-
cle et Euripide sont des poètes de tout point dissemblables ; ils furent aussi tous trois de parfaits révolutionnai-
res à leur époque. Quant à la plupart des poètes de l'AN-
THOLOGIE, j'avoue ne pas professer pour eux une admiration superlative.

Dois-je maintenant me plaindre de ce que vous avez pu

conclure de mon article relativement à M. Théodore de Banville ? Il ne me semble pas être si « en querelle » avec ce maître. Tout au contraire, je crois avoir suffisamment prouvé par des extraits que, dans son admirable TRAITÉ DE POÉSIE, M. de Banville a préconisé toutes les réformes rythmiques que nous avons le courage de réaliser, en ce moment, mes amis et moi.

Voilà, Monsieur, tout ce que je voulais vous dire : car, pour le reste, la plus prolixe controverse ne saurait aboutir. Vous admirez Lamartine, tout en estimant, j'aime à le croire, Charles Baudelaire ; et moi j'admire Baudelaire tout en estimant Lamartine. L'ultime explication de nos dissidences est peut-être là.

Je finis, Monsieur et cher Confrère, en vous priant d'agréer l'hommage de mes meilleures sympathies.

JEAN MORÉAS.

TABLE

—

Publications Symbolistes et Décadentes en vente chez le Bibliopole VANIER
19, quai Saint-Michel, Paris.
(Envoi franco contre timbres-poste ou mandat)

PLOWERT
Petit Glossaire des Décadents et des Symbolistes. . . . .   3 »

J. K. HUYSMANS
Croquis Parisiens, eucologe avec portrait. . . . .   6 »

JEAN MORÉAS
Les Cantilènes (exemplaires sur hollande à 7 fr.). 3 50

MORÉAS et PAUL ADAM
Thé chez Miranda, roman 3 50
Demoiselle Goubert, roman. 3 50

PAUL ADAM
Soi — Etre — La Glèbe — romans . . . . .   3 50 3 50 2 »

JULES LAFORGUE
Les Complaintes. . . . .   3 »
Imitation de Notre-Dame La Lune . . . .   2 »
Moralités légendaires, 6 contes en prose avec portrait. .   6 »
Le Concile féerique, un acte en vers. 1 25

ARTHUR RIMBAUD
Les Illuminations, préface de P. Verlaine . . . . . .   6 »

HENRI DE RÉGNIER
Lendemains — Apaisements — Sites — Episodes 2 2 2 3 50

VIELÉ GRIFFIN
Cueille d'avril — Les Cygnes — Ancaeus 3 3 50 3 50

CHARLES VIGNIER
Centon . . . .   3 »

MAURICE BARRÈS
Les Taches d'Encre, col. 4 numéros . . . .   4 »

STUART MERRILL
Les Gammes. . . . .   2 »

F. FÉNÉON
Les Impressionnistes. 1 25

POICTEVIN
Paysages et nouveaux Songes — Seuls. 6 3 50

ERNEST RAYNAUD
Le Signe — Chairs profanes . . . .   1 1 »

RENÉ GHIL
Traité du Verbe — Geste ingénu . . . .   2 3 »

ALBERT GIRAUD
Hors du siècle. 3 50

ADOLPHE RETTÉ
Cloches en la nuit, plaquette de luxe 3 50

GRÉGOIRE LE ROY
Mon cœur pleure d'autrefois, plaquette de luxe . . . . .   10 »

Parnasse de la Jeune Belgique, recueil de vers de 18 poètes
belges, 1 vol. in-8° 7 50

PUBLICATIONS SYMBOLISTES ET DÉCADENTES

En vente chez le Bibliopole Vanier,
19, quai Saint-Michel, Paris.

(Envoi franco contre timbres-poste ou mandat)

STÉPHANE MALLARMÉ

Les Poésies, édition autographe album de luxe tiré à 40 exemplaires, avec frontispice de Rops . . . . 100 »

L'après-midi d'un Faune, églogue avec illust. de *Manet*, plaquette d'art, sur japon . . . 5 »

— édition in-18, sur hollande . . . 2 »

Les Poèmes d'Edgar Poë, traduction en prose de Mallarmé avec portrait et illustrations de *Manet*, magistral volume in-8° . . . 10 »

Le Corbeau d'Edgard Poë, traduction en prose de Mallarmé avec illustrations de Manet, grand in-folio en un carton. 25 »

Le Ten o'clock de Whistler, traduction de Mallarmé, plaquette. . . . . 2 »

Mallarmé. Notes, par T. de Wyzewa, plaquette. . . . . 1 »

PAUL VERLAINE

Poèmes Saturniens. . . . . 3 »

La bonne chanson. . . . . 3 »

Fêtes galantes . . . . 3 »

Sagesse. . . . . 3 »

Romances sans paroles, avec portrait . . . . . . 3 »

Jadis et Naguère. . . . . 3 »

Amour (exempl. sur hollande, à 6 fr.). . . . . . . 3 »

Parallèlement. . . . . 3 »

Bonheur (en préparation). . . . . 3 »

Les Poètes maudits, études littéraires sur : Tristan Corbière — Arthur Rimbaud — Mallarmé — Madame Desbordes-Valmore — Villiers de l'Isle-Adam — Pauvre Lélian, avec 6 portraits, par Luque 3 50

Louise Leclercq, Madame Aubin, 1 acte — Pierre Duchâtelet — Le Poteau. 3 50

— exemplaires sur hollande . . . . 8 »

Mémoires d'un Veuf. 3 50

— exemplaires sur hollande . . . . 8 »

Paul Verlaine, étude littéraire, par **Charles Morice**, avec portrait gravé sur bois, plaquette. . . . . 2 »

TULLE. IMP. MAZEYRIE.

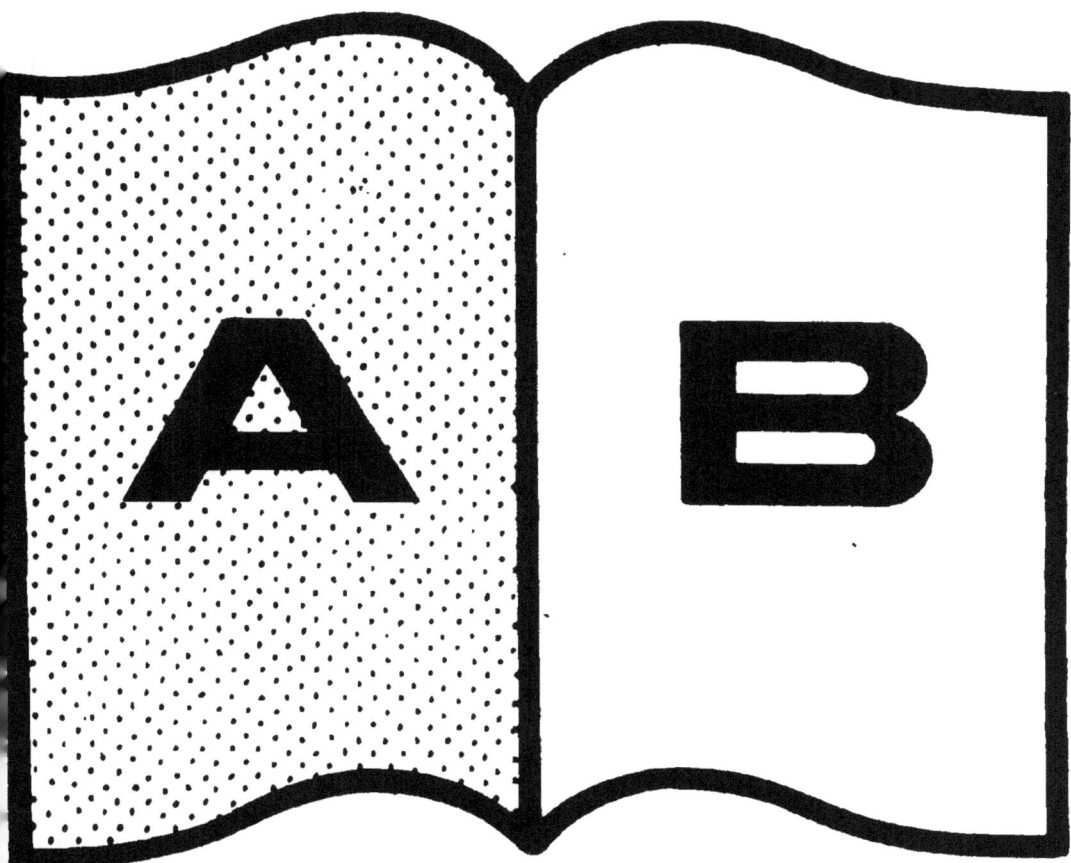

Contraste insuffisant

NF Z 43-120-14